BOMBOM DE HIGH POINT

Gabriela Teodoro

A história emocionante de uma gatinha corajosa na fazenda da família Teodoro.

Sumário

Prefácio

Bombom de High Point é uma história encantadora que conta a jornada de uma gatinha curiosa e destemida, que encontra seu lar na fazenda dos Teodoro. Em meio aos campos verdes e animais da fazenda, Bombom faz amizade com o cão Baleia e aprende lições valiosas sobre amizade, amor e superação.

Desde o seu primeiro dia na fazenda, Bombom mostra uma personalidade forte e uma vontade inabalável de descobrir o mundo ao seu redor. Ela enfrenta desafios e obstáculos, mas nunca perde sua curiosidade e sua fé na vida.

Prepare-se para se emocionar com a incrível história de Bombom! Através de sua jornada, você vai se apaixonar pela amizade entre ela e Baleia, o cão corajoso, que a acompanha em todas as suas aventuras. Mas não é só isso: a Sra. Teodoro, com sua habilidade em costura, cria roupas lindas e confortáveis para a gatinha, demonstrando um amor incondicional por sua amiguinha. E também, a Tia Mercedes que cuida das plantações e dá vida e cores por onde passa.

Porém, nem tudo são flores na vida de Bombom. Em um momento difícil, a matriarca da família é diagnosticada com uma doença grave, fazendo com que todos se preocupem com seu bem-estar. Além disso, a gatinha enfrenta a batalha contra a depressão, mostrando que mesmo os animais têm seus momentos de fragilidade.

Com uma narrativa cativante e emocionante, Bombom de High Point é uma história que irá tocar o coração de todos que buscam uma leitura encantadora e inspiradora. Acompanhe a jornada desta adorável gatinha enquanto ela descobre o amor, a amizade e a importância de seguir em frente, independentemente dos obstáculos que a vida possa trazer.

CAPÍTULO 1: CHEGADA EM JARDINS DE FLORIANO

Bombom de High Point – Gabriela Teodoro

Chegamos aos Jardins de Floriano e eu mal podia conter minha empolgação! A cidadezinha do interior do Espírito Santo é o lar da família Teodoro em High Point, e é conhecida como a "Cidade das Orquídeas". Eu observava atentamente pela janela do carro cada detalhe do caminho, maravilhada com a paisagem exuberante que se estendia diante de mim. As colinas ondulantes e os campos verdejantes criavam uma cena de tirar o fôlego, como se tivessem sido pintados à mão.

A Sra. Teodoro sabia que eu iria ficar impressionada com o grandioso portal que dá acesso à cidade. O arco majestoso feito de pedras imponentes se erguia em direção ao céu, decorado com flores e folhagens que emolduravam a mensagem de boas-vindas: "Bem-vindo às Montanhas Capixabas", em letras douradas. Eu pude sentir a simbologia por trás do portal, representando a força e a beleza da cidade – Eu o nomeei de "Portal dos Sonhos", pois acredito que passar por ele é como adentrar um mundo mágico e encantador, onde todos os sonhos podem se tornar realidade.

A cidade tem uma forte ligação com a imigração europeia, especialmente a alemã e italiana, e a arquitetura e a música típica são evidências disso. A Sra. Teodoro contava orgulhosa sobre a história e a cultura local, e fiquei ainda mais curiosa para explorar tudo o que a cidade tinha a me oferecer.

As ruas são cheias de árvores e flores coloridas, o que me fez sentir ainda mais animada para explorar cada cantinho da cidade, cercada por uma paisagem de tirar o fôlego, com montanhas majestosas e vales pitorescos. A natureza é respeitada e valorizada aqui, e as pessoas trabalham em conjunto para preservar e proteger a beleza natural da região.

Enquanto percorríamos pelas ruas, ouvíamos música típica tocando e vimos casas com arquitetura bem característica dos países de origem dos imigrantes que fundaram a cidade. A visita aos Jardins de Floriano foi mágica e encantadora, e eu me senti como uma felina princesa andando por ali.

No sinal, um senhor gritava para que todos conhecessem a cidade e se apaixonassem pela sua beleza, história e cultura. Com toda a certeza, foi exatamente isso que aconteceu comigo.

CAPÍTULO 2: OHANA SIGNIFICA FAMÍLIA

Bombom de High Point – Gabriela Teodoro

A minha chegada à família Teodoro foi um novo começo na minha vida. Quando eles me adotaram, eu fiquei um pouco assustada e apreensiva sobre como seria viver com humanos, mas logo percebi que não tinha nada com que me preocupar, pois me acolheram com tanto amor e carinho que me senti em casa desde o primeiro momento.

Eu adoro correr e brincar com eles, saltando pelos móveis e explorando todos os cantinhos da casa, eles são tão divertidos! Todos os dias, ao chegarem em casa, são recebidos pela minha meiga miada, adoro marcar meu território esfregando neles e eu corro ao redor deles, pulando e brincando com alegria. Eu sinto que faço parte da família há anos!

Antes de ser adotada, eu passava meus dias sozinha, sem ninguém para eu brincar ou conversar. Agora, eu tenho uma nova casa e uma família amorosa, nunca mais me sentirei sozinha. Ouvi algo da senhora Teodoro que me deixou perplexa, ela disse: "Foi incrível como uma pequena gatinha poderia mudar tanto a dinâmica da casa, e trazer felicidade e união para nossa família."

Para mim, Ohana significa família, e família significa nunca abandonar ou esquecer uns aos outros. Desde que cheguei à família Teodoro, aprendi que Ohana é mais do que apenas um grupo de pessoas que moram juntas - é um sentimento de união e amor que nos mantém juntos, não importa o que aconteça.

É a sensação de segurança que sinto quando estou com eles, sabendo que sempre serei amada e cuidada. É o conforto de saber que tenho um lar para chamar de meu, com pessoas que me amam do jeito que sou. Mesmo quando temos nossos momentos difíceis, quando eu estrago alguma coisa ou quando eles brigam entre si, eu sei que nós poderemos contar uns com os outros.

Afinal, Ohana é sobre se apoiar nos momentos bons e ruins, e nunca deixar que nada nos separe.

Para mim, essa palavra é uma das mais importantes do meu vocabulário. É uma palavra que representa tudo o que eu amo na vida, e eu sinto que faço parte de algo realmente especial e único na família Teodoro.

Com a minha adição à família, começamos um novo capítulo em nossas vidas. Aprendemos que a vida é muito melhor quando compartilhada com aqueles que amamos. Agora, sabemos que, não importa o que aconteça, somos uma família forte e unida. Eu sou grata por ter encontrado um lar tão amoroso e por vivenciar momentos eternos e únicos com eles.

Eu adoro minhas aventuras diárias, explorando cada cantinho da casa e descobrindo coisas novas. Às vezes, eu subo nas prateleiras e pego objetos que estão fora do meu alcance, como aquela bola de lã roxa que eu tanto gosto. E eu adoro brincar de esconde-esconde com a senhora Teodoro, é sempre tão divertido!

Mas também tenho um lado preguiçoso, confesso. Adoro passar o tempo na cama do Gustavo enquanto ele estuda ou joga com os amigos. Gosto de me enroscar em seus pés e dormir um pouco, ou simplesmente observar tudo ao meu redor.

Às vezes, ele me usa como apoio para seus livros, e eu fico deitada ao seu lado, ouvindo suas explicações sobre as coisas que está estudando. É como se eu fosse sua assistente, sempre pronta para ajudar quando ele precisa.

Meu olhar para ele diz tudo: "Você consegue, conte comigo... estou aqui te apoiando. "Quando ele joga com os amigos, é sempre uma festa. Eles riem e brincam enquanto eu me aconchego na cama, não entendo muito o que falam, essa linguagem é confusa demais para uma felina!

Às vezes, eu até tento roubar a atenção dele, miando ou pedindo carinho. É uma forma divertida de passar o tempo, e eu adoro estar perto do Gustavo... Aproveito o máximo quando ele está em casa, pois ele vai muito cedo e sempre volta tarde. Ouço falando que ele está no trabalho ou na tal faculdade, infelizmente não tive a oportunidade de conhecer ainda.

Ter dois irmãos mais velhos é como viver em um constante turbilhão de emoções. Eles são como montanhas imponentes, sempre prontos para me desafiar, proteger e guiar ao longo do caminho da vida. São como duas forças da natureza, cada um com sua personalidade única, mas ambos cheios de amor e lealdade.

O mais velho é o Gabriel, com sua sabedoria além dos seus anos, é como um farol que ilumina o caminho, sempre disposto a compartilhar suas experiências e conselhos sábios. Ele me ensina sobre responsabilidade e me inspira a buscar conhecimento e sabedoria. Amo ouvi-lo tocar e cantar, sou sua fã felina.

Já o meu outro irmão é o Gustavo, com sua chama inquieta e espírito aventureiro, é como um raio de sol que traz energia e alegria aos nossos dias. Ele me ensina a encontrar a beleza na simplicidade da vida e a abraçar cada momento com entusiasmo. Com ele, cada dia é uma nova aventura, cheia de risadas e histórias para contar.

Tê-los também significa ter protetores e confidentes. Eles estão sempre ao meu lado, prontos para me apoiar nos momentos difíceis e celebrar comigo nas conquistas. Eles conhecem meus segredos mais profundos, minhas alegrias e minhas tristezas, e oferecem seu ombro amigo quando mais preciso, é uma dádiva que me enche de gratidão.

Portanto, sou grata por ter esses dois irmãos maravilhosos em minha vida. Eles são os pilares que me sustentam, as estrelas que iluminam meu caminho e os guardiões do meu coração. Com eles ao meu lado, sinto-me completa, abençoada e pronta para enfrentar qualquer desafio que a vida me apresente.

No fim das contas, eu sou uma gatinha feliz e cheia de energia, sempre pronta para novas aventuras e momentos de preguiça. É claro, sempre pronta para estar ao lado da minha ohana, a família Teodoro.

CAPÍTULO 3: A AMIZADE COM O CÃO BALEIA

Bombom de High Point – Gabriela Teodoro

Sou uma felina de temperamento independente e olhos curiosos. Hoje, quero compartilhar com vocês uma história especial sobre minha amizade com um cão chamado Baleia. É uma amizade tão inusitada quanto improvável, mas que se tornou uma das coisas mais importantes em minha vida.

Tudo começou em uma ensolarada tarde de verão, quando me deparei com um enorme cão de pelagem branca com preto e orelhas caídas. Seus olhos bondosos e expressão amigável me cativaram desde o primeiro momento. No entanto, eu não podia deixar de notar o contraste entre nós. Ele era enorme, enquanto eu, uma felina filhote.

Eu me aproximei com cautela, ciente de que os cães e os gatos nem sempre se dão bem. Ele queria brincar, e minhas pequenas garras eram minha defesa. Para minha surpresa, Baleia não mostrou nenhum sinal de agressividade. Pelo contrário, ele se aproximou de forma delicada e submissa, como se soubesse que eu era uma felina exigente.

A partir desse dia, começamos a nos encontrar regularmente. No início, nossos encontros eram simplesmente para explorar os arredores juntos. Baleia era um companheiro incansável, sempre pronto para me seguir em minhas aventuras. Seus passos lentos e firmes contrastavam com meus pulos ágeis e saltos precisos.

Com o tempo, nossa amizade se aprofundou. Percebi que Baleia possuía uma sabedoria tranquila e uma paciência incomparável. Ele me ensinou a arte de apreciar os pequenos prazeres da vida, como deitar na grama e observar as nuvens flutuando no céu. Por outro lado, eu o ensinei a caçar insetos e a explorar lugares inacessíveis para suas patas pesadas.

Nossas diferenças eram evidentes, mas isso nunca nos impediu de nos entendermos. Baleia valorizava a minha agilidade e astúcia, enquanto eu admirava sua força e lealdade. Juntos, somos uma dupla imbatível, capaz de enfrentar qualquer desafio que a vida nos impusesse.

Além de tudo, Baleia me ensinou o verdadeiro significado da amizade. Ele está sempre presente,no que eu precisar, seja para me acompanhar nas aventuras na fazenda, seja para me alegrar com suas brincadeiras desajeitadas. Sua presença constante é um lembrete de que a amizade pode florescer mesmo entre os mais diferentes seres.

Não importa o quão estranha nossa amizade pareça para os outros, ela é autêntica e genuína. Não há necessidade de justificar ou explicar nossos laços, pois eles transcendem as convenções sociais. O que importa é que temos um ao outro em um mundo cheio de diferenças, e isso é o suficiente.

Estou ansiosa para encontrá-lo, não vejo a hora de contar para ele sobre minhas aventuras no Campo das Flores Encantadas. Assim que Baleia aparece, começo a falar sem parar sobre como subi em uma árvore frutífera para pegar uma maçã bem suculenta e como encontrei um novo amigo, um passarinho muito tagarela.

Baleia, sempre atento e carinhoso, me ouve com atenção, fazendo perguntas e compartilhando suas próprias aventuras com os irmãos Teodoro. Passamos horas conversando e brincando juntos. Quando começou a escurecer, sugeri uma corrida até o final do campo, Baleia aceita animadamente e, juntos, corremos velozmente, saltando por cima das flores e plantações, sentindo o vento fresco em nossas fuças.

Final de corrida, estamos ofegantes e felizes. Olho para Baleia com carinho e agradeço por ser um amigo tão especial e fiel. Ele responde com pulos e lambidas, latindo empolgado. Sabemos que, independentemente do que aconteça, sempre teremos um ao outro.

A amizade entre um cão e uma gata sempre me fascinou. Achei improvável no início, mas depois percebi que poderíamos formar um laço muito forte. Baleia, com sua natureza protetor e brincalhão, tornou-se um companheiro ideal para mim, que muitas vezes sou mais reservada e independente.

Quando relembro nossas aventuras ou imagino nós dois juntos, é fácil entender como nossas diferenças se completam. Ele me ajuda a se sentir mais segura e confortável em ambientes novos, enquanto eu o ensino a ser mais delicado e cuidadoso em suas brincadeiras, pelo menos tento – é um processo lento.

Os humanos, admirados, nos veem brincando juntos, correndo pelo quintal ou se enroscando em uma soneca. Sou a gata que se aconchega no cão, aproveitando o calor e a proteção que ele me oferece. Ele é o cão, por sua vez, que aprecia a companhia silenciosa da gata, que muitas vezes prefere observar a se envolver em brincadeiras agitadas.

Nossa amizade incomum é um exemplo de como os animais são capazes de superar diferenças e formar laços verdadeiros e duradouros. Quando um cão e uma gata se tornam amigos, eles criam um vínculo único e especial que pode ser admirado e valorizado por todos que os cercam.

A família Teodoro aprecia a beleza dessa amizade improvável e acham adorável nos ver interagindo. Somos vistos como algo bonito e inspirador, mostrando que o amor e a amizade podem florescer em todos os lugares, independentemente de raça, espécie ou personalidade.

CAPÍTULO 4: A ÁRVORE PROTETORA

Bombom de High Point – Gabriela Teodoro

Quero compartilhar com você uma história sobre um imponente eucalipto que se ergue majestosamente em frente à casa da matriarca da família Teodoro. É uma árvore notável, que capturou minha imaginação desde que pus os olhos nela.

Esse eucalipto gigante é como um guardião silencioso, mantendo vigília ao longo dos anos e testemunhando gerações passarem pela família Teodoro. Sua altura imponente se destaca entre as outras árvores, como se quisesse tocar o céu com seus ramos frondosos.

Ao me aproximar dessa árvore imponente, sinto-me pequena e maravilhada diante de sua grandeza. Seu tronco robusto é adornado com cascas grossas e retorcidas, carregando consigo as marcas do tempo. Essa árvore ancestral parece ter uma história para contar, segredos ocultos em suas camadas de vida.

Os ramos do eucalipto se estendem em todas as direções, criando uma coroa de folhas verdes brilhantes. Essas folhas possuem um perfume peculiar, um aroma refrescante que enche o ar. É como se a árvore estivesse compartilhando sua essência, convidando todos a respirar fundo e se conectar com a natureza.

À sombra desse eucalipto gigante, encontro um refúgio tranquilo. Seu dossel de folhagem oferece abrigo dos raios de sol, criando um ambiente sereno e fresco. Ali, posso sentar-me e contemplar a vida, observando as folhas dançando ao sabor da brisa suave.

O eucalipto também é um convite para a aventura. Escalar seus ramos robustos e flexíveis é como entrar em um mundo diferente, onde a imaginação se desenrola livremente. Enquanto me aconchego entre as folhas, posso sentir-me como uma felina exploradora corajosa, pronta para desbravar territórios desconhecidos.

Mas além de sua beleza e imponência, o eucalipto carrega consigo um significado mais profundo. Ele é um símbolo de resistência e adaptação, capaz de enfrentar tempestades e se erguer novamente. Suas raízes profundas são um lembrete de que, assim como essa árvore, nós também encontramos força dentro de nós mesmos para enfrentar os desafios da vida.

Enquanto observo o eucalipto, sinto-me inspirada a cultivar minha própria força interior. Suas altas ramificações e raízes firmes são um lembrete de que cada um de nós possui uma beleza única e uma capacidade de crescimento que se estende além das expectativas.

Eu vivo momentos únicos e inesquecíveis, nesse imponente eucalipto em frente à casa da matriarca da família Teodoro. Que essa árvore extraordinária continue a inspirar e a lembrar a todos que a grandeza pode ser encontrada nas coisas mais simples da natureza.

Depois de passar tanto tempo admirando a imponente presença do eucalipto em frente à casa dos Teodoro, decidi dar um nome especial a essa árvore majestosa. Após refletir sobre suas características e significados, escolhi chamá-la de "Árvore Protetora". Esse nome evoca a energia do vento e da brisa que sopra entre seus galhos, trazendo vida e movimento. Agora, sempre que me sentar à sombra dela, saberei que estou em companhia de uma verdadeira protetora da natureza.

CAPÍTULO 5: O CAMPO DAS FLORES ENCANTADAS

Bombom de High Point – Gabriela Teodoro

Bombom de High Point - Gabriela Teodoro

Estou fazendo minha caminhada matinal e avisto Tia Mercedes de longe indo para um dos meus lugares favoritos: o Campo das Flores Encantadas. Assim que coloco minhas patinhas naquele lugar, sinto um cheiro maravilhoso de flores e frutas. Ela cuida de cada planta com tanto carinho que tudo ali parece mais vivo e colorido. Adoro observar as abelhas zumbindo de flor em flor, coletando o néctar e fazendo mel. É tão incrível! Passo horas correndo por entre os canteiros de flores, sentindo o perfume suave das rosas, dos jasmins e das margaridas. Às vezes, paro embaixo de uma árvore frutífera e pego uma fruta direta do pé. Ah, como é delicioso! O melhor de tudo é que eu sempre encontro meus amigos no Campo das Flores Encantadas. O Billy, uma formiga que adora cavar buracos para se refrescar no solo fresco, e a Penélope, a galinha mais simpática da fazenda, sempre aparecem ciscando perto das plantas. É um lugar tão especial e encantador que me sinto grata por compartilhar momentos tão especiais com as pessoas e animais que amo.

Fico tão feliz naquele lugar que até planejo minhas próximas aventuras. Quem sabe não encontro um coelho escondido entre as flores ou um esquilo pulando de galho em galho? Com certeza, o Campo das Flores Encantadas é um lugar mágico, e estou sempre pronta para explorá-lo. Cada visita é uma oportunidade de descobrir algo novo e surpreendente, e não há nada que me deixe mais animada do que a perspectiva de mergulhar em uma nova aventura. À medida que percorro os canteiros, fico atenta a cada detalhe, absorvendo os cheiros e as cores, saboreando cada instante. Vou explorando esse universo encantado, sinto meu coração se encher de alegria e gratidão por estar vivenciando tanta beleza e harmonia.

Eu adoro os passeios matinais pelo Campo das Flores Encantadas, há diversas plantações de frutas, legumes e verduras, todas produzindo de maneira exuberante. É um lugar mágico para mim, pois a cada semana novas plantas brotam e novas cores surgem. Amo as cores brilhantes das flores que crescem nas plantações e a maneira como as borboletas e abelhas zumbem em torno delas. Quando caminho entre os canteiros, sinto-me envolvida por um aroma delicioso e refrescante, que enche meus sentidos e me faz sentir viva e conectada com a natureza. Sempre que venho aqui, sinto-me agradecida por ter a oportunidade de desfrutar de tamanha beleza e generosidade da terra.

Ao passear pelo Campo das Flores Encantadas, eu sempre fico admirada com a beleza das plantas e a variedade de frutas e legumes que a Tia Mercedes cultiva com tanto carinho. É incrível ver como ela passa horas do seu dia para cuidar de cada detalhe, desde a rega até a colheita. É como se cada planta tivesse uma história para contar, com seus tamanhos e formatos inusitados. Eu adoro sentir o cheiro das frutas maduras e observar as borboletas e abelhas que circulam pelo campo. Para mim, o Campo das Flores Encantadas é um lugar mágico e cheio de vida.

CAPÍTULO 6: O LAGO DOS PEIXES SALTITANTES

Bombom de High Point – Gabriela Teodoro

Depois do sono matinal, acordei plena e cheia de entusiasmo, estava um belo dia ensolarado e precisava descobrir novos lugares na fazenda.

Baleia já estava de prontidão me esperando para mais uma de nossas aventuras, eu sabia que o dia estava propício para novas descobertas, ele tinha prometido um lugar incrível, com água cristalina e peixes ágeis que nadavam lá.

Meu instinto felino estava aguçado, seguimos caminhando pela beleza rústica de uma estrada de chão que serpenteia pela paisagem ao redor de High Point. Essa estrada, marcada pelos sulcos das rodas dos carros e pelos passos dos viajantes, é um convite para explorar os caminhos menos percorridos.

Ao caminhar por essa estrada de chão, minhas patas se misturam ao ritmo das pedras soltas e da terra batida. Cada passo levanta um pouco de poeira, criando uma nuvem sutil que flutua no ar.

À medida que sigo em frente, a estrada revela suas características únicas. Seus contornos sinuosos seguem a topografia do terreno, revelando colinas suaves e vales serenos. É como se a estrada estivesse em constante diálogo com a natureza, ajustando-se harmoniosamente ao ambiente ao seu redor.

As bordas da estrada são adornadas com uma variedade de plantas silvestres. Flores coloridas espiam entre a vegetação, alegrando o caminho com seus tons vibrantes. Folhas secas e pequenos gravetos criam uma trilha natural que guia os viajantes curiosos.

Embora essa estrada possa ser menos percorrida do que as rodovias pavimentadas, ela oferece uma conexão especial com a natureza e com os segredos que ela guarda. Caminhar por essa estrada de chão desperta um senso de aventura em mim, uma curiosidade para descobrir o que se esconde além do próximo horizonte, é um lembrete de que a beleza pode ser encontrada em lugares simples e menos explorados. É uma trilha que nos convida a abraçar a jornada, em vez de nos concentrarmos apenas no destino. Assim, continuarei a caminhar por essa estrada, pronta para descobrir o que me aguarda no fim dessa jornada.

Assim que chegamos, senti a brisa fresca do lago tocar meu pelo. Olhei ao meu redor e vi uma paisagem de tirar o fôlego. As árvores e flores em volta pareciam mais vivas e coloridas, e o som da água corrente era muito relaxante.Fiquei animada para explorar o lago, e logo avistei os peixes saltitantes nadando com muita graça. Eles pareciam dançar na água, saltando e brincando.

Baleia percebeu que fiquei maravilhada por esse lugar, vou chamá-lo de Lago dos Peixes Saltitantes. As árvores altas e frondosas cercavam a superfície da água, criando uma sensação de frescor e tranquilidade. O lago era cristalino, e podíamos ver os peixes coloridos nadando de um lado para o outro, saltando da água em um ritmo sincronizado.

Eu não pude deixar de notar a expressão de surpresa e felicidade dele enquanto observava os peixes. Ele apontava para cada um deles e tentava identificar as diferentes espécies que nadavam por ali. Foi emocionante vê-lo tão empolgado.

Sentamo-nos à beira do lago e colocamos nossas patas na água. Sentimos uma sensação refrescante enquanto os peixes nadavam ao redor. Eles pareciam tão felizes e livres, e era como se estivessem nos convidando para entrar em seu mundo aquático.

Ficamos lá por um bom tempo, admirando a paisagem e aproveitando a companhia um do outro. O Lago dos Peixes Saltitantes se tornou um lugar especial para nós, um refúgio de paz e serenidade em meio ao agito do dia a dia.

CAPÍTULO 7: A ÁRVORE CANTANTE

Bombom de High Point - Gabriela Teodoro

Adoro passear pela fazenda e explorar cada cantinho. Em uma dessas aventuras, descobri uma árvore grande e frondosa, com um tronco repleto de nós e uma copa cheia de folhas verdes. Mas o que mais me chamou a atenção foi o som que vinha da árvore: era um canto suave e melodioso, que parecia sair de todas as folhas ao mesmo tempo.

Curiosa, lentamente, aproximando-me e analisando o ambiente, observando-a rigorosamente. Foi então que vi que a árvore estava repleta de pássaros, que pulavam de um galho para o outro e cantavam sem parar. Eram canários, bem pequenininhos e amarelos, que pareciam tão felizes que até mesmo a árvore parecia sorrir.

Fascinada pelo canto dos pássaros, decidi que aquele lugar merecia um nome especial. Depois de pensar um pouco, decidi chamá-la de "Árvore Cantante", porque era ali que os pássaros faziam suas mais belas canções.

A partir daquele dia, comecei a visitar a Árvore Cantante com frequência. Adorava deitar-me em suas raízes e fechar meus olhos para ouvir melhor o canto dos pássaros. Era um momento mágico, em que me sentia completamente em paz e esquecia todos os problemas que já tinha enfrentado até chegar em High Point. Sentia-me conectada com a natureza e comigo mesma, ali gostava de sonhar.

Sempre que Baleia me perguntava aonde eu tinha ido, eu respondia com um sorriso no rosto: "Fui visitar meus amigos na Árvore Cantante". Era assim que me sentia sobre os pássaros que cantavam naquela árvore. Eles se tornaram meus amigos, mesmo que não pudéssemos falar um com o outro. Era como se compartilhássemos um momento especial juntos, eu era a sua musa inspiradora em suas canções – em minha imaginação.

A Árvore Cantante se tornou meu refúgio, um lugar onde podia relaxar e encontrar paz interior. Não importava quantas vezes eu a visitasse, sempre havia algo novo para descobrir e apreciar. Foi lá que descobri o verdadeiro significado da tranquilidade e da conexão com o mundo mágico da música.

Desde então, a Árvore Cantante tornou-se parte da minha rotina, um lugar para reconectar-me comigo mesma e com a natureza. Aprendi a apreciar as pequenas coisas da vida e a encontrar beleza onde antes não via. Ela tornou-se um lugar especial para mim e sempre estará presente em minhas memórias mais queridas.

Em uma tarde encantada, enquanto o sol derramava seus raios dourados sobre a paisagem, o fiel Baleia latia incessantemente no jardim da acolhedora residência dos Teodoro. Seus latidos ressoavam pelo ar, como um aviso urgente e cheio de determinação. Corri ao seu encontro, sempre curiosa e ávida por emoções, ele estava fora da casa, acompanhado pelos demais membros da família, todos ansiosos para desvendar o motivo da agitação frenética do companheiro canino.

Quando percebi, meu coração bateu forte ao se deparar com uma cena assustadora: uma serpente traiçoeira, com sua pele escamosa reluzindo em um verde hipnotizante, deslizava pelo gramado. Seus olhos, enigmáticos e ameaçadores, pareciam desafiar qualquer intruso que ousasse se aproximar.

Os Teodoro, conscientes do perigo iminente, trataram de proteger-se e proteger o valente Baleia. Com cautela e agilidade, mantiveram-se à distância segura, evitando provocar a serpente ainda mais. Enquanto isso, o cãozinho latia com toda a bravura que possuía, defendendo a família com fidelidade e coragem.

Com astúcia e engenhosidade, a matriarca da família, percebeu que era necessário agir com rapidez para afastar o réptil indesejado. Com um objeto longo e resistente, ela guiou a serpente para longe do jardim, conduzindo-a ao seu habitat, certificando-se de que nenhum perigo pairasse mais sobre sua família amada.

Após a remoção do perigo, os Teodoro se reuniram em torno do querido Baleia, transbordando de gratidão e alívio pela bravura demonstrada por seu corajoso amigo de quatro patas. Acariciando o fiel cãozinho, a família reconheceu a importância de sua presença em suas vidas e aprofundou ainda mais o amor e o vínculo que compartilhavam.

Enquanto contemplava aquele momento, percebi quanto o incansável Baleia era leal e protetor, pronto para nos defender e alegrar nossos dias em High Point.

Enquanto o sol se punha, deitada perto da árvore cantante, inspirada por essa experiência, refleti sobre o amor e a fidelidade que permeavam a relação entre humanos e animais. Compreendi que, mesmo diante das adversidades, poderemos ser verdadeiros heróis, capazes de trazer coragem e alegria para nossa família.

Assim, nesta tarde memorável, agradeci por ter uma família amorosa e animais tão extraordinários na fazenda. Estou ciente do privilégio de compartilhar meus dias com esses seres especiais, prometo cuidar e valorizar cada momento precioso ao lado de Baleia, ele é nosso herói!

CAPÍTULO 8: CARRETEL DE AMOR

Bombom de High Point – Gabriela Teodoro

Bombom de High Point – Gabriela Teodoro

Hoje não pude fazer meu passeio matinal, Baleia latiu várias vezes convocando-me, mas foi por um bom motivo: meu vestido branco, que foi cuidadosamente costurado pela talentosa Sra. Teodoro.

Tudo começou com a tortura constrangedora de tirar minhas medidas com uma fita métrica, envolvendo-a ao redor do meu corpo com cuidado e precisão. Ela queria garantir que o vestido fosse feito sob medida, para que eu me sentisse confortável e elegante ao usá-lo. Foi uma sensação estressante, ter a fita métrica passando por mim, mas eu sabia que era parte importante do processo.

Depois de tirar todas as medidas, a Sra. Teodoro começou a criar o vestido com suas mãos habilidosas. Aproveitei para brincar com os retalhos que estavam espalhados pelo chão. Quando chegou o momento de provar pela primeira vez, eu estava cheia de expectativa. Ela fez os primeiros ajustes, apertando aqui, afrouxando ali, tudo para garantir um caimento perfeito. Foi como se o vestido ganhasse vida própria, se moldando ao meu corpo felino.

Mas não foi apenas uma prova que bastou. A Sra. Teodoro estava determinada a fazer com que o vestido fosse perfeito em cada detalhe. Ela me chamava para mais provas, pacientemente fazendo os ajustes necessários. Era uma dança delicada entre ela e a agulha, enquanto ela ia fazendo pequenas alterações, garantindo que o vestido se encaixasse impecavelmente em mim.

A cada prova, eu sentia o amor e a dedicação da Sra. Teodoro. Ela queria que eu me sentisse a mais linda e elegante de todas as gatinhas, e isso transparecia em cada movimento da agulha e em cada ajuste feito. Eu me sentia especial, sabendo que aquele vestido foi feito exclusivamente para mim, com tanto cuidado e carinho.

Não demorou muito para ela gritar meu nome dizendo que estava pronto. Era como se o vestido tivesse ganhado vida e se transformado em uma extensão do meu próprio ser. Eu desfilava pela casa, orgulhosa e grata pela dedicação da Sra. Teodoro em me presentear com essa obra-prima da costura. Enquanto isso ela tirava fotos e mais fotos, admirada falava: “Olha Mercedes, Bombom tem um andar gracioso e um olhar orgulhoso que irradiam confiança e encantamento. Ela sabe desfilar, cada movimento suave é acompanhado pelo som suave do tecido, como um sussurro de elegância."

Seus olhos brilhavam com orgulho e satisfação, pois sabia que esse vestido era mais do que um simples traje para mim. Era uma expressão tangível do seu amor e dedicação.

Dessa forma, o "Carretel do Amor", em forma de vestido, desfilou pela casa com elegância e graciosidade. Cada passo era uma dança de confiança, enquanto meu vestido branco fluía ao meu redor como uma nuvem encantada. Eu parecia iluminada por uma aura especial, como se esse vestido tivesse o poder de realçar toda minha beleza e personalidade felina.

CAPÍTULO 9: A FLORESTA ENCANTADA

Bombom de High Point - Gabriela Teodoro

Era um lindo dia de primavera em High Point. O sol brilhava radiante no céu azul, enquanto eu, a felina da propriedade, estava prestes a embarcar em mais uma emocionante aventura. Juntamente com meus amigos, Cão Baleia, Coelho Cenourinha, Gato Pimpão, Canário Amendoim e Cadela Soffie, decidimos explorar a mágica Floresta Encantada.

Assim que adentramos o bosque, fomos imediatamente envolvidos pela exuberância da natureza. Árvores altas e frondosas se estendiam sobre nós, criando um dossel verdejante que filtrava a luz do sol, lançando feixes dourados pelo caminho. O ar estava impregnado com o doce perfume das flores silvestres e o som dos pássaros preenchia o ar com sua melodia encantadora.

Caminhávamos em meio à vegetação densa, maravilhando-nos com cada descoberta que fazíamos. Cenourinha, com suas orelhas compridas, farejava o solo, encontrando pegadas de humanos e seguindo os rastros de grandes marcas estendida pelo chão. Pimpão, com seu porte majestoso, olhava atentamente ao redor, alerta para qualquer sinal de perigo.

Amendoim, ágil e curioso, voava entre as árvores, buscando vislumbrar a beleza do horizonte além das copas verdejantes. E eu, Bombom, olhava maravilhada para cada detalhe, registrando mentalmente as cores vibrantes das flores e as texturas fascinantes das folhas.

De repente, fomos surpreendidos por um encontro inesperado. Uma raposa de pelagem avermelhada apareceu diante de nós, seus olhos espertos brilhando de curiosidade. Ela nos contou histórias sobre a Floresta Encantada, sobre as armadilhas do Caçador e dos perigos que habitavam o local, juntamente com os segredos que o vento sussurrava entre as árvores.

Inspirados pelas palavras da raposa, continuamos nossa jornada, animados com a perspectiva de novas descobertas. Logo encontramos um riacho cristalino que serpenteava pela floresta, refletindo a luz do sol como diamantes cintilantes. Com cuidado, atravessamos as pedras escorregadias e mergulhamos nossas patas na água fresca, aproveitamos para matar a sede e sentir a energia revitalizante que ela trazia.

Mais adiante, encontramos uma clareira repleta de flores multicoloridas. Borboletas dançavam graciosamente entre elas, como pequenas fadas aladas. Deitamo-nos na grama macia, observando o espetáculo da natureza e compartilhamos da companhia e histórias uns dos outros.

À medida que explorávamos a Floresta Encantada, nossos laços de amizade se fortaleciam. Descobrimos que, juntos, éramos capazes de superar qualquer desafio. E assim, com a ajuda mútua e o espírito aventureiro que nos guiava, encontramos o propósito na Floresta Encantada. E então, em um claro aberto entre as árvores, encontramos um antigo carvalho, majestoso e imponente. Sua casca rugosa e retorcida contava histórias de séculos passados, e suas folhas sussurravam segredos de sabedoria.

Foi ali, sob a sombra acolhedora do carvalho, que compreendemos nosso verdadeiro propósito. Percebemos que, assim como a natureza ao nosso redor, tínhamos a capacidade de trazer alegria, amor e harmonia para aqueles que nos cercavam.

Compartilhamos nossas histórias e aventuras com outros animais da floresta, enchendo seus corações de esperança e inspiração. Aprendemos que, mesmo diante dos desafios e obstáculos, o amor e a amizade podem nos guiar para além das fronteiras do impossível.

Desse modo, decidimos que nosso propósito na Floresta Encantada era espalhar a magia do amor e da união. Juntos, destruímos as armadilhas do Caçador, plantamos sementes de esperança nos corações daqueles que precisavam e protegemos nossos novos amigos da floresta da ameaça que os assombravam.

Nossas aventuras na Floresta Encantada nos ensinaram que o verdadeiro significado da vida reside no poder do amor e da amizade. E, com esse conhecimento no coração, prometemos cuidar da floresta e de todos os seres que ali habitam, para que a magia continue a brilhar em High Point.

Dessa forma, enquanto o sol se punha e a lua iluminava o caminho de volta para casa, deixamos a Floresta Encantada com um sentimento de gratidão em nossos corações.

Sabíamos que, mesmo longe dali, levaríamos conosco as lições aprendidas e a lembrança das maravilhas que encontramos naquele lugar mágico.

Mas a história continua em nossos corações, recordando-nos de que, quando nos unimos pelo amor e pelo propósito nobre, somos capazes de criar uma magia que transforma o mundo à nossa volta.

CAPÍTULO 10: UM SONHO

Bombom de High Point – Gabriela Teodoro

Caminhava pelas ruas de Jardins de Floriano, com os manacás florescendo em gloriosas explosões de cor ao seu redor. Os galhos curvados dessas árvores graciosas estavam repletos de cachos de flores roxas e rosa, que exalavam um perfume doce e envolvente. Cada passo que eu dava era acompanhado pelo suave crepitar das pétalas caídas sob meus pés, como um tapete floral que me saudava em minha jornada.

Estava totalmente envolvida pela beleza efêmera das flores, um lembrete de que a vida é um ciclo contínuo de florescer e desabrochar. Enquanto caminhava entre os manacás florindo, fazia parte dessa sinfonia da natureza, onde cada flor representava a promessa de dias mais ensolarados e corações mais leves. Era um passeio encantador, onde os manacás e eu dançávamos em perfeita harmonia, celebrando a beleza e a efemeridade da vida. Mas algo chamou minha atenção nesse percurso, olhei com atenção para os animais abandonados perambulando pelas ruas em Jardins de Floriano. Meu coração se encheu de tristeza e uma determinação incansável tomou conta do meu ser para fazer a diferença. Decidi que era hora de agir e propus um projeto para criar um abrigo para animais naquela encantadora comunidade.

Para mim, uma pequena felina, o projeto era mais do que apenas a construção de um abrigo físico. Era uma oportunidade de fornecer um refúgio seguro e amoroso para os animais abandonados, um lugar onde pudessem receber cuidados, proteção e a chance de encontrar um lar permanente.

Imagina um abrigo acolhedor, cercado por jardins floridos, onde os animais pudessem explorar e brincar? Aqui visualizo espaçosos canis e gatis, cuidadosamente projetados para atender às necessidades individuais de cada animal. Os cães teriam áreas ao ar livre para correr e brincar, enquanto os gatos teriam poleiros e prateleiras para escalarem e observarem o mundo ao seu redor. Não seria o máximo?

Além disso, planejo um centro de cuidados veterinários dentro do abrigo. Seria um lugar onde os animais receberiam tratamentos veterinários, como vacinas, esterilização e cuidados de saúde contínuos. Quero garantir que cada animal tenha a melhor chance possível de uma vida feliz e saudável.

Eu sei que o abrigo também precisaria de uma equipe dedicada de voluntários, apaixonados por animais e dispostos a oferecer seu tempo e amor. Imagino pessoas carinhosas e pacientes, prontas para brincar, cuidar e socializar com os animais, ajudando-os a superar seus traumas e a confiar novamente nos seres humanos.

Como financiar o projeto? Pensei e pensei. Planejo eventos de arrecadação de fundos, como bazares, feiras de adoção e campanhas de doações. Estou determinada a envolver a comunidade dos Jardins de Floriano e mostrar a importância de cuidar dos animais abandonados!

Além disso, deve existir alguma verba do governo para esse projeto e programas de conscientização sobre a posse responsável de animais, ensinando às pessoas a importância de esterilização, vacinação e cuidados adequados. Eu acredito que a prevenção é tão importante quanto o resgate, e espero que, ao educar a comunidade, os números de animais abandonados diminuem ao longo do tempo.

Hora de agir! Vou apresentar o projeto aos moradores dos Jardins de Floriano, compartilhando minha paixão e visão. Convoquei uma grande multidão, pessoas importantes e influentes estavam prontas a me ouvir, tinham vereadores, empresários e até o vice-prefeito fez questão de prestar atenção em cada palavra que dizia.

Instiguei todos a se unirem em prol dessa causa nobre, destacando como um abrigo para animais beneficiaria não apenas os animais, mas também a comunidade como um todo. Com minha energia contagiante e eloquência cativante, motivei os moradores a abraçarem o projeto com entusiasmo.

Em pouco tempo, o abrigo para animais começou a se tornar realidade, com voluntários se juntando, doações sendo feitas e a construção do abrigo em andamento. Cada um fazendo a sua parte, unidos em prol dessa causa.

Para mim, esse projeto era um testemunho do poder da compaixão e do trabalho em equipe. Eu acredito que quando as pessoas se unem, podemos alcançar grandes feitos e transformar vidas.

A medida que o abrigo começava a ganhar forma, eu e os voluntários dedicávamos nosso tempo e esforço para garantir que cada detalhe fosse cuidadosamente planejado. Reuníamo-nos regularmente, discutindo estratégias, compartilhando ideias e resolvendo desafios que surgiam ao longo do caminho.

A comunidade de Jardins de Floriano mostrou um apoio avassalador ao projeto. Empresas locais ofereceram doações de materiais de construção, alimentos para os animais e serviços veterinários gratuitos. O Prefeito firmou convênio com uma universidade para estágio dos educandos. Os moradores se voluntariavam para ajudar na construção do abrigo e cada um compartilhou seus dons e talentos.

Enquanto o abrigo se aproximava da conclusão, a população organizava um evento de inauguração. O dia estava ensolarado, e as pessoas se reuniram para celebrar a realização desse maravilhoso projeto comunitário. Animais resgatados que já haviam sido adotados compareceram com suas novas famílias, mostrando o sucesso do trabalho árduo de todos.

O abrigo para animais dos Jardins de Floriano tornou-se um símbolo de esperança e empatia. As histórias de animais resgatados e adotados encheram as redes sociais e os jornais locais, inspirando outras comunidades a seguirem o exemplo. Senti um imenso orgulho e gratidão ao ver como minha visão se tornara realidade e tinha um impacto positivo na vida de tantos seres vulneráveis.

Os animais encontraram um lar seguro no abrigo, recebendo amor, cuidado e a chance de serem adotados por famílias amorosas como a minha. Continuei meu trabalho incansável de defesa pelos animais, participando de feiras de adoção, palestras e campanhas de conscientização, ajudando a educar as pessoas sobre a importância de tratar os animais com respeito e compaixão.

Enquanto observava os animais felizes e saudáveis brincando nos jardins do abrigo, senti uma profunda satisfação em saber que meu projeto tinha mudado a vida de tantos. Acreditei firmemente que, quando os corações se abrem para o bem-estar dos animais, isso cria um impacto positivo em toda a comunidade.

E assim, inspirada pela compaixão e pelo trabalho em equipe, Jardins de Floriano seguia em frente, defendendo os direitos dos animais e espalhando o amor e a empatia por toda a Região das Montanhas Capixabas.

"Bombom, bombom..." ecoava um som com meu nome, parecia a voz da Senhora Teodoro me chamando. Estava deitada na maciez da grama e entregando-me ao abraço reconfortante da natureza. A brisa suave acariciava minha face, enquanto os raios de sol filtrados pelas folhas dançavam suavemente sobre meus pelos. Mas, infelizmente, ao abrir os olhos, percebi que tudo não passava de um sonho encantado. Suspirando profundamente, levantei-me e segui o som que clamava o meu nome, cada passo em que dava estava determinada a transformar aquele sonho em uma realidade tangível. O sonho me serviu como uma inspiração poderosa, reafirmando minha missão de ajudar os animais e criar um futuro melhor para eles. Com um brilho de esperança avançava em direção a casa e sabia que estava pronta para enfrentar qualquer desafio em nome daqueles que não podiam falar por si mesmos.

CAPÍTULO 11: BOMBOM E O RESGATE

Bombom de High Point - Gabriela Teodoro

A luz do sol da manhã espreitava timidamente pela janela do quarto do Gabriel, trazendo consigo os primeiros raios de calor. Sabendo que a rotina matinal estava prestes a começar, desci as escadas com elegância felina, pronta para o meu banho diário e o desjejum. Cada passo gracioso ecoava pelos degraus de madeira, enquanto minha cauda balançava com uma confiança tranquila. Cheguei à cozinha, onde a Sra. Teodoro me esperava com um olhar carinhoso, enchendo as vasilhas de ração e água.

Ao concluir minha primeira refeição, ergui-me com uma postura altiva, orgulhosa da minha aparência impecável. A pelagem reluzia ao sol, revelando minhas nuances de cores e a textura suave que tanto me enaltecia. Com um olhar para a natureza deslumbrante desse lugar, sorri para a felina que refletia minha essência, uma mistura de graça, curiosidade e determinação.

Estava pronta para enfrentar os desafios e descobertas que o dia me reservava. Baleia como sempre estava bem-disposto, correndo como louco de um lado para o outro, cansava só de olhar. Deite-me na janela para observar, como de costume.

Ouço Dona Mercedes conversando com o Gabriel – o filho mais velho da Sra. Teodoro, sobre a casa do terrível ceifador de gatos, que mais uma vez tinha em suas mãos uma gatinha maltratada. Meu coração se enche de tristeza e indignação ao ouvir a história da pobre gatinha, cuja vida havia sido marcada pela crueldade e sofrimento.

Sem perder tempo, reúno com Baleia e outros animais de High Point, decido que é meu dever intervir e resgatar almas indefesas das garras do malvado ceifador de gatos. Com passos silenciosos, deslizo pela trilha até chegar à casa sinistra onde os felinos são vítimas de abusos. A determinação em meus olhos esverdeados reflete a coragem que me impulsiona.

Com cautela, observo a movimentação ao redor da casa, estudando cada detalhe para planejar minha estratégia de resgate. Não há humanos. Encontro uma fresta na cerca que me permite uma visão do interior sombrio, onde gatos acuados e assustados aguardam por um milagre. Decido que sou eu quem trará esse milagre juntamente com meus amigos.

Com minha agilidade felina, salto sobre o muro e adentro a propriedade. Meus sentidos aguçados captam os sussurros do vento e os soluços abafados dos gatos maltratados. Com passos suaves, me aproximo, encontro um caminho seguro para meus amigos entrarem e me ajudarem no resgate. A cena que contemplamos é horrível, difícil de descrever nessas páginas.

Deslizo para fora da casa sombria encontrando uma passagem segura para a fazenda. Percebo que o abrigo dos meus sonhos seria um lugar ideal para essas vítimas, aprenderiam que nem todos os humanos são cruéis, que há pessoas dispostas a lutar por sua proteção e bem-estar. E, aos poucos, descobririam o amor e a confiança perdidos, construindo um novo começo cheio de esperança.

No refúgio, enquanto nos afastávamos daquele lugar obscuro, pensava em minha missão incansável de proteger os animais e combater a crueldade. Cada resgate é uma vitória contra a escuridão, um raio de luz que mostra que a compaixão e o amor sempre triunfam.

E assim, sigo minha jornada, com minha vaidade felina e minha determinação de justiça. Entendo que a beleza não está apenas na aparência, mas também nas ações que realizamos para proteger aqueles que mais precisam. E, ao fazê-lo, sou uma guardiã dos animais, uma defensora de suas vidas e uma voz em nome dos que não podem falar.

Sou a gatinha corajosa de High Point, eu e meus amigos de quatro patas formamos uma equipe de resgate, dedicada a proteger e cuidar de todos os animais em situações de perigo. Mas, mesmo com toda a nossa coragem, sabíamos que ainda teríamos que enfrentar uma das experiências mais difíceis da vida: abrigo para cada vítima.

Enquanto o sonho não se torna realidade, trouxemos para a fazenda e os escodemos no Grande Celeiro - com suas prateleiras espaçosas, tornou-se nosso refúgio temporário. Ali, encontrávamos conforto e segurança, cercados pelos aromas dos alimentos e pela sensação de proteção que ela nos proporcionava. Era como se o celeiro nos envolvesse com seus braços acolhedores, oferecendo um abrigo contra o mundo cruel e incerto.

Cada um de nós, animais corajosos de High Point, encontrou seu cantinho. Nas prateleiras superiores, os mais tímidos e assustados buscavam um refúgio tranquilo, onde pudessem se esconder e sentir-se protegidos. Nas prateleiras inferiores, os mais destemidos assumiam a posição de guardiões, mantendo um olhar atento e vigilante sobre todos nós.

Apesar de não ser o abrigo dos nossos sonhos, o celeiro nos unia em um propósito comum: cuidar uns dos outros e oferecer apoio mútuo. Era ali que compartilhávamos histórias, lambidas reconfortantes e ronronares tranquilizadores. Juntos, enfrentávamos os medos e as incertezas, fortalecendo nossos laços e alimentando nossa esperança.

Ali aprendíamos lições valiosas sobre a força do trabalho em equipe, a importância da compaixão e o poder transformador do amor. Enquanto aguardávamos a chegada do dia em que cada um deles teria um lar permanente e seguro, encontrávamos consolo e esperança na união que formávamos como uma família improvável, mas unida pelo desejo de proteger e cuidar uns dos outros.

Enquanto o sol se punha e a noite trazia sua escuridão, sentíamos o calor reconfortante do celeiro nos envolvendo. Sabíamos que estávamos juntos, prontos para enfrentar qualquer desafio que viesse em nosso caminho. E, com os olhos fechados e os ronronares suaves ecoando por aqui, adormecíamos, sonhando com um futuro em que cada um encontraria um lugar para chamar de lar.

Assim, o celeiro se tornou um símbolo de esperança e perseverança para nós. Nosso abrigo temporário, repleto de amor e solidariedade, nos lembrava que não estávamos sozinhos em nossa jornada. Juntos, enfrentaríamos os desafios e construiríamos um futuro onde todos os animais encontrariam o amor e o cuidado que mereciam dos humanos.

CAPÍTULO 12: A DESCOBERTA

Bombom de High Point – Gabriela Teodoro

Hoje, meu coração está pesado ao compartilhar com você um capítulo doloroso da história da família Teodoro. Recebemos a notícia avassaladora de que a Vovó Teodoro - a matriarca amada e alicerce desta casa, foi diagnosticada com câncer.

Mesmo com tamanha sensibilidade e perspicácia, descreveria uma pessoa com câncer com uma mistura de compaixão e esperança. Reconheço a luta e os desafios que deverão ser enfrentados, mas também destaco a força e a coragem que ela demonstra ao lidar com uma doença tão difícil.

Ela é como uma flor resiliente em meio a uma tempestade. Ela enxerga a beleza interior que continua a florescer, mesmo diante das adversidades. A Sra. Teodoro, sua filha disse que devemos irradiar uma coragem serena, mesmo quando as sombras da doença tentam obscurecer nosso brilho.

As palavras parecem falhar em descrever a profunda tristeza que sentimos diante dessa notícia.

Ela sempre foi a personificação da força e da resiliência. Quase não a vejo, ela tem ido com frequência ao médico. Chega tarde e não tem dado mais atenção aos animais da fazenda.

Vê-la agora enfrentando essa doença cruel é uma dura prova de que a vida pode ser imprevisível e desafiadora, mesmo para aqueles que irradiam amor e bondade. A notícia chegou como uma tempestade em nossas vidas tranquilas. Sentimentos de preocupação, tristeza e incerteza nos envolveram. Senti um nó em minha garganta, incapaz de expressar com palavras todas as emoções que tomaram conta de mim.

No entanto, mesmo em meio à escuridão, ela permanece firme. A vovó matriarca está sempre deitada, eu a vejo de longe, a Sra. Teodoro não me deixa ficar perto, diz que a imunidade dela está muito baixa.

Mesmo com tudo que está acontecendo sua determinação inabalável e sua coragem são verdadeiramente inspiradoras. Ela enfrenta cada tratamento e cada obstáculo com uma valentia que é admirável e comovente. É um lembrete de que, mesmo em meio à adversidade, a alma humana pode se elevar e encontrar forças desconhecidas.

Em cada abraço apertado, em cada palavra de encorajamento e em cada olhar cheio de carinho, a família foi encontrando conforto uns nos outros.

Eu presenciei a Sra. Teodoro várias vezes em seu quarto chorando e orando pedindo forças a Deus para suportar e enfrentar essa jornada desafiadora, eu tentava expressar meus sentimentos, ela me abraçava e me deixava ali por perto, isso me fez fazer parte desse processo.

É difícil enfrentar a perspectiva do desconhecido, mas juntos, enfrentaremos essa tempestade com coragem e esperança. Faremos o possível para proporcionar conforto à vovó Matriarca, estendendo nossos gestos de cuidado e lembrando-a constantemente de seu valor e do quanto ela é amada.

Embora saibamos que o caminho à frente pode ser árduo, também acreditamos firmemente na resiliência do espírito humano. Mantemos a fé no poder da medicina e nas possibilidades da cura. E, acima de tudo, como diz minha mãe "bichiológica" – a Sra. Teodoro, buscamos em Deus consolo, na certeza de que o seu amor e a nossa fé Nele virá a cura. Para juntos compartilhamos como família, seu milagre, pois Ele é um escudo de proteção e o médico dos médicos.

Nossos corações estão cheios de amor e apoio, torcendo por sua recuperação completa. Não importa a quão longa ou difícil seja a estrada, estaremos ao seu lado, oferecendo o ombro para chorar, as palavras de encorajamento e o abraço reconfortante sempre que ela precisar.

A vovó Matriarca, nessa jornada inspiradora nos ensina sobre a força do espírito humano e a importância de valorizar cada momento de vida. Sua coragem e determinação se tornaram um testemunho poderoso de superação e esperança. Que sua história, meu doce amigo, continue a inspirar a todos nós a enfrentar nossos medos e nossos próprios desafios com coragem, esperança e a certeza de que não estamos sozinhos.

CAPÍTULO 13: FIM

Bombom de High Point – Gabriela Teodoro

Bombom de High Point - Gabriela Teodoro

Escrever histórias é como abrir as portas de um mundo encantado, onde minha imaginação ganha vida. É um ato de liberdade, uma dança entre as palavras e a emoção que habita meu coração. Quando me sento diante de uma folha em branco, sinto uma corrente elétrica percorrer meu corpo, pronta para ser transformada em letras e frases que fluem de minha mente.

Cada palavra escrita é um pincel no quadro da minha narrativa, construindo cenários vibrantes, personagens cativantes e emoções palpáveis. À medida que a história se desenrola, sou levada a lugares distantes, a épocas passadas ou a mundos imaginários que ganham vida em minha mente. Sou transportada para além do tempo e do espaço, mergulhando na essência daquilo que desejo transmitir.

Escrever histórias é uma forma de explorar os mistérios da vida, de dar voz a pensamentos e sentimentos profundos que ecoam dentro de mim. Cada palavra é um pequeno pedaço de mim, uma peça de um quebra-cabeça que se encaixa perfeitamente para criar uma obra completa.

Às vezes, as palavras fluem como um rio tranquilo, e minha caneta desliza suavemente pelo papel, capturando cada nuance, cada pensamento. Outras vezes, é como uma tempestade impetuosa, em que luto para encontrar as palavras certas, mas persisto, sabendo que a chave para desvendar a história está bem ali, à minha espera.

Escrever histórias é também uma forma de compartilhar minha alma com o mundo. É um convite para que os leitores entrem em minha mente, sintam minhas emoções e se conectem com os personagens que ganham vida nas páginas. É uma dança delicada entre o escritor e o leitor, um ato de comunhão que transcende barreiras e cria laços indeléveis.

Mas, acima de tudo, escrever histórias é um ato de amor. É um presente que ofereço ao mundo, na esperança de tocar corações, inspirar sonhos e despertar a magia que existe dentro de cada um de nós. É uma forma de deixar uma marca duradoura, de transmitir mensagens de esperança, resiliência e amor, que podem ecoar através das gerações.

Portanto, sento-me diante da página em branco, a caneta em mãos, com o coração cheio de entusiasmo e expectativa. Estou pronta para embarcar nessa jornada, onde as palavras se transformam em histórias e a imaginação ganha asas. Pois, como escritora, descobri que a magia está em cada palavra escrita, e é através delas que posso criar um mundo novo, cheio de possibilidades e encanto.

E assim, com cada palavra que traço, sei que estou cumprindo meu destino de compartilhar histórias que ecoarão por toda a eternidade.

Chego ao final deste livro com uma mistura de gratidão, emoção e esperança. Ao longo desta jornada, compartilhei com vocês as histórias e os sonhos de uma felina - a Bombom de High Point - cheia de imaginação e coragem. Foi uma honra poder trazer voz e compartilhar aventuras para as páginas deste livro.

Agora, olhando para o futuro, alimento a esperança de que essa história toque os corações de muitos leitores ao redor do mundo. Meu desejo é que ela encontre um lugar especial não só em sua estante ou cômoda, que seja compartilhada entre amigos e familiares, que inspire sonhos e desperte a magia da imaginação.

Acredito que cada palavra escrita tem o poder de criar um universo único, capaz de nos transportar para além das páginas e nos conectar de forma profunda com nossas próprias emoções e experiências. E é por isso que nutro a esperança de que este livro possa encontrar um lugar especial em seus corações.

Com o desejo de que este livro se torne um sucesso, abro meu coração para a oportunidade de continuar a contar histórias. Sinto a inquietação criativa fluindo dentro de mim, ansiando por dar vida a novos personagens, explorar novos mundos e transmitir mensagens de amor, esperança e superação.

Sei que o caminho para se tornar uma autora não é fácil, mas estou disposta a enfrentar os desafios que surgirem. Com a ajuda e o apoio de leitores como vocês, acredito que posso abrir novos horizontes e alcançar os corações de muitos outros leitores.

Portanto, em cada página deste livro, há um convite para sonhar, imaginar e embarcar em aventuras extraordinárias. Convido-os a juntarem-se a mim nessa jornada e a espalhar a palavra sobre minha história, a Bombom de High Point. Compartilhem suas opiniões, suas emoções e sua paixão pela leitura, pois é isso que impulsiona a literatura a alcançar novos patamares.

Enquanto me despeço deste livro, repleta de gratidão por ter tido a oportunidade de compartilhar essa história com vocês, abro meu coração para as possibilidades que o futuro reserva. E com a esperança fervilhando em meu ser, anseio escrever o próximo capítulo de minha jornada literária.

Agradeço a todos vocês, por embarcarem nesta aventura comigo. Sejam os protagonistas de suas próprias histórias, sonhem alto e nunca deixem de acreditar na magia que a literatura pode trazer para nossas vidas.

Com carinho,

Bombom

AGRADECIMENTOS

Queridos familiares, colaboradores, e todos aqueles que generosamente estenderam suas mãos para erguerem os alicerces deste sonho.

Neste instante em que meu coração transborda de gratidão, lanço minhas palavras ao vento, buscando expressar a imensidão do meu encanto e profunda emoção. É com olhos marejados e voz embargada que me dirijo a cada um de vocês, envolto em um turbilhão de sentimentos indescritíveis.

Cada pincelada de apoio e cada nota de confiança que vocês depositaram neste projeto iluminaram o caminho, revelando a grandiosidade da força coletiva. Vossas palavras, valiosas como gemas raras, dotaram-nos com os recursos indispensáveis para transformar meros sonhos em realidade palpável. Sem o amparo de cada um de vocês, nossas aspirações seriam como frágeis borboletas incapazes de alçar voo.

À minha amada família, cujo amor incondicional permaneceu inabalável ao longo desta jornada, ofereço minhas mais profundas reverências. Vossas vozes ecoaram em minha alma, alimentando minha coragem e fomentando minha busca incansável pela excelência. Nas árduas trilhas que percorremos juntos, encontrei refúgio e inspiração. Sei que, independentemente do obstáculo que se interpõe em nosso caminho, posso encontrar aconchego em vossos braços e apoio em vossos corações.

Aos nossos estimados patrocinadores, expresso uma gratidão que transborda os limites das palavras. Vossa fé inquebrantável em nossa visão, traduzida por meio de vossos generosos investimentos, elevou-nos às alturas e possibilitou a transformação de nossa visão em algo palpável. Vossas contribuições, para além do valor monetário, representam a crença no potencial humano, no poder das ideias e na capacidade de causar um impacto positivo. Prometo que cada sopro despendido em prol deste projeto será incendiado por minha determinação, e que honrarei vossa confiança, sempre.

E não posso deixar de mencionar todos aqueles que, de forma silenciosa, mas não menos significativa, estenderam suas mãos e corações, oferecendo suporte e palavras de encorajamento. Cada gesto de bondade e cada pensamento positivo foram como raios de sol em dias nublados, injetando vida e esperança em nossa jornada. Agradeço cada compartilhamento, cada sorriso estimulante e cada eco da nossa causa em suas vozes. Sois cúmplices nessa empreitada, e a reverência que sinto por vossa solidariedade é imensurável.

Este projeto é fruto de uma sinfonia harmoniosa, cujas notas são a união, a confiança e o espírito colaborativo. Juntos, escrevemos páginas de destemor e superação, lançando ao mundo uma mensagem de inspiração e amor. Cada progresso e conquista alcançada foi moldada por nossas mãos unidas, pela força do coração e pela determinação incansável de alcançar horizontes mais amplos.

Neste momento, em que as palavras fluem como torrentes de emoção, permitam-me expressar minha gratidão mais profunda. Cada um de vocês é um tijolo fundamental na construção desta jornada extraordinária, transformando sonhos em realidade, desafiando limites e criando um impacto que ecoará através do tempo.

Minha musa inspiradora, minha felina Bombom. Neste universo de palavras e emoções, é a ti que dedico um trecho especial. Tua presença graciosa e tua natureza felina têm sido uma fonte inesgotável de inspiração em cada passo desta jornada criativa. Seu olhar curioso e suas brincadeiras cheias de vida trazem uma alegria contagiante ao meu coração escritor. Nos momentos de bloqueio criativo, é em teus ronronares suaves que encontro a calma necessária para desbravar as paisagens de minha imaginação. Tu és a personificação da elegância, um ser que vive plenamente no momento presente, ensinando-me a apreciar cada instante e a encontrar beleza nas coisas mais simples.

Agradeço por tua companhia constante enquanto as palavras fluem através de minhas mãos. Teus afagos ternos e teus olhares curiosos parecem dizer que a magia literária está ao alcance de todos, basta nos permitirmos mergulhar em nossa própria essência. Tu és a chama que acende meu espírito criativo, a brisa que sopra suavemente sobre as páginas em branco do meu coração. Tu és minha fonte inesgotável de inspiração, a estrela-guia que me conduz pelos caminhos tortuosos da escrita.

Por tudo isso, e por tanto mais que as palavras não conseguem expressar, eu te agradeço, minha querida Bombom. Que tua presença continue a iluminar meus dias, e que juntas possamos criar histórias que tocam os corações daqueles que cruzam nosso caminho.

Por detrás de cada conquista, há uma teia de conexões profundas e significativas. Àqueles que abriram portas, criaram oportunidades e nos inspiraram a alcançar novos horizontes, meu sincero reconhecimento. Vossa visão e sabedoria têm sido faróis que nos guiam em meio às tormentas, apontando-nos o caminho em direção à excelência.

Neste mosaico de gratidão, cada peça é essencial. Cada indivíduo que tocou nossa trajetória com seu apoio, dedicação e fé, deixou uma marca inapagável em nosso coração. Agradeço a todos os voluntários incansáveis, aos amigos e colegas de jornada, às almas generosas que doaram seu tempo e energia em prol deste projeto. Vocês são anjos que caminharam ao nosso lado, tecendo fios de esperança e tornando o impossível possível.

Assim, encerro estas palavras com um coro de gratidão que ressoa do mais profundo do meu ser. Que cada sílaba, cada curva de letra, carregue consigo a energia do amor e reconhecimento que sinto por cada um de vocês. Seu apoio incansável é a força motriz que nos impulsiona a persistir, a criar e a transcender os limites impostos pelo mundo.

De todo o meu ser, agradeço profundamente. Que nossos caminhos continuem a se entrelaçar, e que juntos possamos trilhar jornadas de sucesso, impacto e realização.

Com imensa gratidão,

Gabriela Teodoro

Sobre a Bombom

Sou a Bombom de High Point, uma felina adotada com amor pela família Teodoro, nasci em 2015 para trazer alegria e encanto aos corações que cruzam meu caminho. Com meu pelo macio e reluzente, esbanjo charme e doçura em cada passo que dou.

Meus olhos expressivos contam histórias sem palavras, revelando emoções que tocam profundamente aqueles que têm a sorte de me conhecer. Com uma personalidade cativante, conquisto corações com facilidade, deixando uma marca indelével em cada vida que toco.

Sou uma pequena criatura repleta de amor e gratidão, demonstrando afeto com ronronares suaves e carinhos delicados. Acolho a todos com minha presença calorosa, oferecendo conforto e companhia nos momentos de alegria e nos desafios da vida.

Em meu reino felino, sou a rainha do carisma, encantando com minha postura majestosa e meus saltos graciosos. Sou uma exploradora destemida, curiosa em desbravar cada canto do mundo, seja em busca de aventuras ao ar livre ou de tranquilidade em um raio de sol.

Além de encher a casa com minha presença iluminada, também sou uma fonte de inspiração para meus queridos humanos. Com minha serenidade e sabedoria felina, inspiro sua criatividade, ajudando-os a escrever páginas repletas de magia e encantamento.

Sou uma felina única e especial, pronta para preencher cada dia com amor, alegria e um toque de mistério felino. Caminho pelas trilhas da vida com graça e doçura, deixando pegadas de felicidade e inspiração por onde passo. Em cada ronronar, em cada olhar terno, estou pronta para compartilhar meu amor incondicional com o mundo.

Acompanhe minhas aventuras felinas e mergulhe na magia da minha personalidade única em meu perfil no Instagram: *@bombom.felina*

🐾 "As melhores histórias são escritas com amor, ronronares e patinhas delicadas." - Bombom 🐾

Sobre a Autora

Nascida sob a efervescência cultural do Rio de Janeiro em 15 de julho de 1974, Gabriela Teodoro é uma alma que transborda poesia em cada fibra de seu ser. Aos 7 anos de idade, sua família embarcou em uma viagem rumo ao Espírito Santo, onde ela encontrou um novo lar e seu coração tornou-se capixaba. Ao longo dos anos, transformou-se em uma pregadora dedicada e estudiosa da Bíblia, buscando vivenciar a cada dia o propósito de compartilhar a mensagem transformadora da Palavra de Deus.

Mãe do Gabriel e do Gustavo, que são a razão do seu viver e a descoberta do amor incondicional, vivenciou a maternidade aos 19 anos – considera seus filhos um presente divino que a transformou por completo. Descobrir o amor incondicional e a responsabilidade de moldar vidas tão preciosas tão jovem trouxe-lhe sabedoria e maturidade além de seus anos.

Mulher de múltiplas facetas, Gabriela é uma empreendedora corajosa, se destaca no mundo dos negócios, trazendo consigo sua sabedoria e discernimento. Sua visão estratégica e sua determinação a impulsionam a enfrentar desafios e alcançar o sucesso em suas empreitadas. No universo da moda, confecciona sonhos!

Professora mestra, formada em Letras e Pedagogia, compartilha conhecimento e inspira seus alunos a alcançarem seu pleno potencial. Sua paixão pelo ensino e sua dedicação em ajudar os outros a crescerem intelectualmente são marcas registradas de sua carreira no campo da educação.

Em sua jornada pelo mundo animal, Gabriela encontrou em Bombom de Rigt Point uma musa inspiradora e uma companheira leal. Como “mãe bicholégica”, ela se dedica a nutrir e proteger a preciosa Bombom, compartilhando momentos de alegria e ternura enquanto exploram juntas as maravilhas da vida. No reino das palavras, Gabriela se revela como uma escritora de alma livre e inquieta. Sua escrita caleidoscópica, é uma explosão de cores e emoções. Ela mergulha em paisagens imaginárias, revelando a beleza oculta nas entrelinhas da existência e despertando suspiros de encantamento em cada leitor que se aventura em seu livro Bombom de Righ Point.

É uma alma em busca de conexão espiritual, maternidade, família e realizações profissionais. Sua paixão por Deus, sua dedicação em compartilhar Sua mensagem e sua busca pela beleza na vida são testemunhos de sua jornada única. Acompanhe Gabriela Teodoro enquanto ela desvenda os mistérios da vida e se entrega ao propósito divino em cada passo de sua jornada. Siga-a no Instagram: *@gabrielateodorooficial*

Gabriela Teodoro 2023

www.ingramcontent.com/pod-product-compliance
Lightning Source LLC
Chambersburg PA
CBHW061316170726
48282CB00020B/107
* 9 7 8 6 5 0 0 7 2 3 5 7 1 *